Lucien Scheer

Adagio d'ombre
et de lumière

Recueil de Poèmes

© 2020, Lucien Scheer
Édition : BoD-Books on Demand,
12/14 rond-point des Champs-Élysées,
75008 Paris.

Impression : BoD-Books on Demand
Norderstedt, Allemagne

ISBN : 978-2-3222-5993-9

Dépôt légal : novembre 2020

A mes lecteurs

*Je vous emmène en balade le long
de ce lac paisible où un doux Adagio,
d'une cascade de mots caresse l'onde.*

*A coups de virgules et de points
je sème des jardins, de syllabes, de voyelles,
je cueille les vers, j'en fais des bouquets.*

*La nuit quand les volets se ferment, je regarde les
étoiles qui me racontent les rêves de la terre.*

*Au cours de cette promenade, je suis votre guide,
de la nostalgie du passé, de l'amitié, de l'amour,
j'éclaire l'ombre du monde,
j'écris la beauté de la vie.*

A Emile et Bertha,
mes grands-parents.

A Joseph et Alberte,
mes parents.

A Hilde,
mon épouse, ma Muse,
qui a cueilli ces étoiles,
qui m'a donné tout son amour
dans les moments difficiles.

Avant-propos

« L'ombre ne vit qu'à la lumière
On ne peut voir la lumière sans l'ombre,
on ne peut percevoir le silence sans le bruit,
on ne peut atteindre la sagesse sans la folie.
Entre ombre et lumière, là où plus rien n'existe
et au coeur même du désespoir ou plutôt de la fin
de l'espoir, l'inattendu jaillit soudain comme un
geyser d'Amour et de lumière.»

__Jules Renard__
__(Journal, 10 janvier 1908, p 906)__

Le lac blanc

La femme que j'aime
Est une rose au printemps
D'un rideau rouge,
Elle ouvre son cœur.
Sur un lac mystérieux
Un ballet de lumière
Où dansent les étoiles
Où chantent les violons.

La femme que j'aime
Quand elle se déshabille,
Comme le ciel au vent
Comme un coucher de soleil
Comme un lys blanc
Dans le baiser de la nuit
Mes rêves sur un lac blanc.

A l'encre de chine
Sur une feuille blanche
Une plume de cygne
D'un ballet de Béjart
De satin blanc,
Enivre mes poèmes.

Le magicien

Que le vent gémisse
Que le roseau soupire
Que le soleil se couche
Que la mer soit triste.

De ce magicien
Dont je ne connais pas le nom
Qui brode ma vie
D'un rayon de soleil
Du chant des oiseaux.

Qu'importe le temps
Un été me suffit
Pour aimer
Pour écrire.

Le livre

J'ai ouvert un livre de poèmes,
Comme le vent,
Je feuilletais.

Les fleurs silencieuses
Les herbes folles
D'une explosion de lumière
Retenaient mon souffle,
Allumaient la beauté des mots,
Je ne pouvais le fermer.

Alors, pour me séduire
Il s'ouvrait sur une belle page
Pour être lu,
Il ouvrait son cœur,
Aux mille visages de l'amour.

Comme le sable du désert,
Le temps s'écoulait sans fin
Je ne pouvais le fermer.

Le poème oublié

Dans un tiroir aux souvenirs
J'ai trouvé ce poème
Jaunissant de solitude.

Couvert de poussières d'espérance
Quelques mots restés dans l'ombre
Usés par le temps.

Des mots que la mémoire garde
Dans le secret de l'âme.
Qu'il était beau mon cœur.

D'une passion démesurée.
Comme un chevalier du ciel
Prêt à mourir
Pour conquérir les étoiles.

Que le vent était fort
Quand tes bras se tendaient
Que je me cachais dans tes cheveux
Que les roses étaient belles.

La tempête

Les nuages dessinent dans le ciel
Des démons noirs
Des images sombres défilent.

Le vent hurle la souffrance des humains.
Les anges se cachent dans les églises
Des âmes perdues s'accrochent aux tombes
L'enfer se vide de ses péchés.

L'orchestre se déchaîne
Des instruments tintent de toute part.
Comme des marionnettes
Les branches dansent.

Sous les fenêtres
Des voix inconnues gémissent
La nature se venge des viols en son sein.

Ombres

Le lac s'endort
Quelques feuilles
Frémissent encore.
Un poisson égaré plonge
Un vent léger ride l'eau.

La nuit tombe,
Sur un banc
Un couple s'embrasse.

Les yeux fermés
Le lac s'efface.
Les ombres de l'amour
Glissent sur l'onde.

C'est quoi l'Amour ?

Quand je ne suis plus moi
Que je suis Toi,
Que je deviens soleil
Que je rêve,
Que tes yeux brillent.

Que je te couche
Sur l'oreiller de nuit.

L'Amour
C'est aujourd'hui
C'est demain
C'est une dentelle
C'est une fleur
C'est Toi.

Cuisine romantique

Pose tes aiguilles
Comme la froideur de l'hiver
Ce tricot n'en finit pas

Seul dans la cuisine
Je mijote quelques plats
D'un coulis de tendresse
Avec délicatesse.

J'enrobe ton sourire
De quelques notes de muscade
Aux accents de cerises.

D'épices de Provence
Je t'emmène dans le bleu
Du baiser de la mer et du ciel.

D'un brin de poésie
Au soleil couchant
Le feu de bois expire.

Dans les bras de Vénus
Emporte les épices de nos rêves.

Histoire de ma vie

Ce ballet d'étoiles
Qui chaque nuit éclaire
La rosée d'une larme de bonheur.

Tout comme le soleil
D'un clin d'œil.
Fait place à la lune.

Comme les vagues de la mer
Jours et nuits se succèdent,
Se ressemblent,
Le temps passe et repasse.

Comme une rose se fane
Pour mieux refleurir
De l'amour à la passion.

Au-delà de la raison
D'un jour à l'éternel
Mes rêves ne durent qu'une nuit.

Le jardin de l'âme

A chaque saison
Renaissent des fleurs
Parfois étranges.

Chaque plante m'interroge
Leurs beautés, leurs vérités
Si différentes
Comme le monde.

Comme la mer
Comme le bateau
Ancré dans un port
Regardent le ciel.

J'écoute les battements
De l'âme du monde
Un jour tu reviendras dans mon jardin.

Adieu

Joli Candy
Tu me quittes
Divorce sans BIG BEN
Pourtant nous nous aimions
Comme les tartes à la crème.
A gauche à droite
On voyageait,
Le ferry divaguait
De nos nuits à l'anglaise.

Je reviendrai
Je t'aimerai à la française
D'un French Cancan,
Des Folies Bergère,
Je te ferai Reine
Liberty, Piccadilly
Je ne peux t'oublier.

Au nom de la terre

Des rêves, des baisers
Un mouton blanc,
Une petite fleur,
Des mots de bonheur
Pour leurs petits cœurs.

Au nom de la mer
D'une étoile,
Bercer leur enfance.
Aux creux des vagues,
D'un château de sable
Faire un voyage.

Au nom du ciel
D'une poignée de soleil
Peindre la vie en rose,
Cueillir goutte à goutte
Les joies, les folies.

Être cerf-volant et ange à la fois.

Le mot

Mon plus beau voyage
Est un mot
Que j'écris dans les nuages.

Comme un oiseau
Ses rêves s'envolent,
Deviennent poèmes.

Je cherche un mot
Qui chante,
Un mot heureux
Qui émeut les cœurs.

Un mot fragile
Qui frissonne au mois de Mai
Qui cherche une couverture.

Je le regarde
Je devine son bonheur,
Peur qu'il s'efface
Je le couche sur ma feuille.

La nuit

Quand les passions s'éteignent
Du silence, du soupir des vents
Que la musique de l'âme s'installe.

La brebis s'endort auprès du loup
Les cascades murmurent
La paix envahit la terre.

Le silence respire calme et beauté
Ce moment où je suis seul
Que j'aime pour aimer
Que l'aile d'un ange
Veille sur mon cœur.

Je cherche les délices de ses lèvres
Tout est univers
Le ciel est si bas
Que je ne peux t'embrasser.

Mélancolie

Comme l'arbre rêvait
Vers le ciel les bras tendus

De mes rêves de fleurs
Battait mon cœur
D'un Adagio d'hiver.

Le saxophone bucolique
Au blues du saule pleureur
D'une mélancolie si douce
Balançait mon âme.

D'amour et de passion
Chaque pas je savourais.
Chaque parfum m'enivrait
Mais les rêves de ma jeunesse
Sont aujourd'hui encore aussi vrais.

La rose noire

Mon âme pleure
D'une fleur du mal
Aux souffrances de Verlaine
D'un bateau ivre.

Mes vers se perdent dans l'océan
Le ciel boit mes silences
L'enfer brûle mes rêves.

Que serai-je ?
Sans le parfum d'une rose,
Sans l'amour d'une femme.

Promenade

Ma vie est ce jardin
D'ombres et de lumières.
Les chemins se croisent,
De bleu, de rose, de vert,

Tout est clair
Tout est simple.
Au coucher de soleil,
Quand les étoiles apparaissent
Tout s'arrête.

Reste le bonheur d'être seul.
Une heure, une minute,
Pour aimer, pour rêver.
Pour cacher quelques mots secrets
Sous un manteau discret.

A l'ombre des Ardennes

Il était ce temps de ma jeunesse
Une humble demeure
Que je ne peux oublier.

Je revois mon grand-père
Aiguiser son rasoir sur une pierre d'alun,
De son blaireau moussait
Une écume de velours
Comme une caresse de la vie.

Le dimanche, son costume
Rehaussé d'une cravate
Que ma grand-mère ajustait.
Quelques pièces de monnaie pour l'offrande.

C'était la messe
Dans la petite église,
Fiers, ils faisaient leur entrée.

Il était grand et fort
De chêne construit,
Courbait à peine sous la tempête.

Elle était petite,
Ses cheveux noirs,
Son visage embrumé du sud,
Ses yeux noirs de lumière.
Ils écoutaient les grâces du Seigneur,
Le pardon des incroyants.

Puis regagnaient le foyer l'âme propre.

C'était le dimanche, tel un rituel
On visitait l'écurie.
Le bétail heureux de ce jour béni
Le foin comme un thé des dieux
Sentait le bonheur.

Il était grand, elle était petite
Mais leurs yeux étaient magnifiques.

Les marées

A la première brise du matin
    Mon premier soupir

Les vagues embrassent la digue
    De l'embruns de mes rêves
    Sur l'onde vagabonde.

Viens avec moi, qu'importe
A marée basse, à marée haute.

A Venise, à la Mer du Nord
    Je serai ton gondolier,
    Ton capitaine,
    Aucune tempête,
    Ne pourra emporter
La marée de notre amour.

Libre

Laisse le vent te caresser
Qu'il soit ton compagnon.
Que la terre solitaire rêve
Que je demeure pour l'éternité.

Mon cœur fatigué
De langueur s'ennuie.
Du soleil,
Rêve des roses.

S'il ne peut t'embrasser
Mes lèvres t'invitent
A la douceur d'un baiser.

Libre comme l'hirondelle
Au printemps,
Mes bras seront ton nid.

La guerre des étoiles

Les étoiles pleuraient
Sous les averses des bombes.
Lointain est ce temps
Du bruit des bottes
Résonne encore.

La rage des chiens de chasse,
L'âme humaine encrassée,
D'égoïsme, de haine
S'en lave les mains.

C'est la guerre des boutons,
Un bouton suffit
Un missile décolle.
Les étoiles brillent
Un feu d'artifice,
Un bouquet final,
Apothéose de la bêtise humaine.

Les yeux de son âme

Un regard suffit
De ses yeux qui parlent
Qui allument les flammes.

Du rêve de l'âme
Dans l'infini du ciel.
Des silences des mots,
Des courbes de ses cils
Tombent des étoiles.

Dans la nuit de mes rêves
D'une primevère,
Elle essuie les larmes de rosée.

Son sourire de ciel
Sur l'océan se penche,
Où les astres chavirent
Sous les vagues de la mer.

Pour l'éternité

Nul soleil que le tien
Éclaire ma vie.
Nulle étoile que la tienne,
Brille dans mon ciel.

Nulle rose dans le jardin d'hiver
N'a autant aimé le printemps.
Nulle pluie aussi douce
N'a caressé ma peau.

Nul vent aussi tendre
M'a décoiffé.
De vagues à la langueur
De sauvages désirs.

Nul ciel,
Nul enfer,
Nulle éternité,
Ne peut t'oublier.

Au clair de la lune

De mon enfance,
De ce jardin secret,
A l'enchantement du silence.
La nuit, une chanson douce
D'ivresse et de frissons,
Sous mes rêves sommeille.

Comme la lune
Sous l'étreinte du soleil.
Mon âme capricieuse vagabonde,
De bohème, de fantasmes,
De chimères, de poèmes.

Ma plume sous les étoiles
Du paradis de mon enfance,
A la lune noire des mauvais jours,
Fredonnent encore cette chanson.

Danse

La musique des mots,
Danse ce ballet de beauté,
Des flammes dans la cheminée,
Illumine d'images, de majuscules,
Les joies, les amours de ta vie.

Danse,

Que ton corps écrive la musique.
Danse le poème de ton âme,
Que les mots entrelacent ton corps,
Inondent tes yeux
Comme les vagues de la mer.

Danse maintenant,

Respire la joie.
Laisse-toi emporter
Par les étoiles
Dans l'écho de tes rêves.

Danse pour être belle,

Des flammes de l'enfer,
Brûle ta jeunesse.
Soif de toujours ?
De jamais, du néant.

Le petit village

Sous un creux de mon cœur,
Il est un petit village
Où nichent mes souvenirs.

Petit village,
Caché dans la vallée.
Quel est ton nom ?
Blotti comme un oiseau
Sous les feuilles d'un chêne
Contre l'assaut des regards.

Comme un chemin de croix
Je hisse mes pas
Aux sommets de tes toits.
Tes ardoises écrivent encore
Mes joies et mes peines
La paix de mon âme
Aux creux de tes bras.

Le petit village a répondu..

Je m'appelle Ennal
Te souviens-tu ?
Sur une ardoise,
Tu as écris Dromerie
A l'entrée de cette petite maison.

Silence

Silence
Les anges pensent.

Seul
J'entends ton cœur.

Silence
Plus de violence,
Seulement de l'amour.

De mon âme ténébreuse,
S'épanche une douceur secrète
Au parfum de rose.

Un mot

Un mot au hasard
Un mot seulement,
Je donnerai tout pour l'entendre.

Un mot si puissant
Pour un voyage sans frontière
Pour écrire un poème
Un mot d'amour.

Que les oiseaux volent,
Que les étoiles rêvent,
Que la lune oublie les marées.

Une nuit de lumière,
Que le temps s'arrête
Je donnerai tout pour être encore.

Au fil du temps

Ce n'est qu'un chiffre qui change,
Une page que tu tournes.
Comme une rose au printemps
Oublie l'hiver pour mieux sourire.

De l'encre de chaque page
Ne garde que le meilleur.
Prend un nouveau chemin,
Reprend ton souffle,
Un nouveau départ
Pour un nouveau voyage.

Déchire une page,
Écrit une nouvelle fin.
Prend une main oubliée
Car, à chaque printemps
La rose sourit.

« Et toi, tu auras des étoiles
Qui savent rire »
Le petit prince
Antoine de Saint-Exupéry

L'aquarelle

Que j'aimerais peindre
A l'eau de mer
Le vent sur l'océan.
Les marées
Qui flirtent avec la lune.

De touches légères
Ouvrir les corolles des roses.
A pas feutrés
Charmer les tournesols.

Comme un collier de perles
Caresser ton cou.

De lumière, de soleil,
Du vent, des vagues
Peindre tes yeux.

L'encrier

De mélancolie, de lassitude,
De haine, d'amour,
De volupté, de tristesse,
J'ai trempé ma plume.

De roses, des lilas
Des fleurs du mal.
De Ronsard, de Verlaine,
De Baudelaire,
De rouge, de bleu, de noir
J'ai jeté l'ancre.

Du vent, de la mer,
Du sable chaud,
De lumière, de soleil
J'ai aimé,
J'ai embrassé.

Le vieux livre

De ses pages envolées
J'effeuille l'automne.

De ces mots échappés
Glissent mes pas,
S'effacent mes rêves.

Des amours,
Que le ciel oublie,
Quand l'âme se perd,
Quand le corps se meurt.

Les pages se détachent
Quelques-unes restent,
Avec le temps jaunissent.

Ma Muse infidèle
Abandonne mes vieux jours,
Seul, un saule triste pleure.

L'hirondelle

Elle est à Toi
Cette étoile, cette lumière
D'un peu d'amour,
Dans la nuit de tes jours.
D'un peu de Toi
Toi, l'Ami
Brise l'oubli.

Il est à Toi ce poème
Qui se souvient
D'une rose perdue.
Elle est à Toi
Cette musique
Des âmes esseulées
De ceux qui ne sont plus.
Cette hirondelle
Qui chaque printemps
De ma plume j'écris tes rêves.

Jeune fille

Comme le temps
Passe l'oiseau
D'une aile légère
D'une perle de tes yeux
Au sourire de tes rêves
Cueille les cerises
Du bout des lèvres.
Goûte la saveur de la jeunesse.

Insouciante candeur,
Demoiselle sur une balancelle,
Aux gazouillis du printemps
L'hirondelle rappelle
Les refrains de tes joies,
Quand les jonquilles chantaient
La douceur de ton enfance,
Poésie des souvenirs
Comme la rose soupire au soleil,
La beauté d'être femme.

Du bout des doigts

Une brise d'écume
Caresse les mots,
Comme un voilier
Cherche le port.

Du ballet de nos doigts
Des vagues de mots s'enroulent,
Emportent nos ombres
Au profond des ténèbres.

Du bout de nos lèvres
Nos baisers frissonnent.
Au plus profond de la mer
Les étoiles s'endorment.

Comme l'oiseau

Je voudrais voler dans le ciel
Enlacé par le vent
Du bleu de mes rêves ,
Chanter le printemps,
Siffler le bonheur,
Allumer le soleil noir.

Que les hommes de la terre,
D'une pluie d'amour
Oublient leurs misères.

Danser avec les loups,
Oublier les guerres,
Cueillir des étoiles.

Que la vie si courte
Des âmes silencieuses
Illumine mes ailes.

Que la terre

Est si belle
Quand tu me dis je t'aime.
Que le ciel de notre lit est bleu,
D'étoiles se couvre.
Quand le matin
Tu te réveilles
Tombe dans mes bras,
Comme l'oiseau de son nid.

D'un petit cri,
Chante l'amour
De l'éveil de la terre.

Et les roses ouvrent leur cœur
Et l'on se dit bonjour
Et l'on veut vivre longtemps
Et l'on veut s'aimer
Jusqu'à la fin des temps.

Ombre et lumière

Dans l'ombre de tes pas
Je te suis où tu vas.

Dans l'ombre du passé,
Dans le silence des mots,
Je cherche ta main
Que je ne peux qu'effleurer.

Du baiser de ton ombre
Qui dans la nuit disparaît,
Il ne reste que le mirage
De mes rêves dans le ciel étoilé.

C'était un matin

Le vent soufflait des nuages rebelles
Sous un vieil arbre déprimé,
Un banc grincheux se lamentait.

Assis sur le banc
Comme un oiseau
Sur une branche fragile,
Mes souvenirs se déroulaient
Comme une pellicule jaunie.

Comme le vent qui oublie la pluie,
Comme l'oiseau qui s'envole,
Ne laisse qu'une plume.

La vie est ce mot qui se pose,
Ces doigts qui cueillent une rose,
Qui ne meurt jamais.

Vulcain

Des plaies, des souffrances
Des entrailles de la terre,
Des ravins d'indifférence
Il se réveille.

Crache les cendres de la haine
Des corps de pierre.
Les âmes bafouées,
La Terre violée,
Les arbres dénudés.

Entre l'amour et la haine
Il se déchaîne.
De sa bouche de feu
L'humain devient statue,
Illusion de sa puissance.

Ainsi la Nature se venge,
Tel un phénix elle renaît de ses cendres.

Il y aura toujours

Un oiseau sur une branche,
Un papillon sur une fleur,
Des mains qui se tendent,
Des lèvres qui s'aiment.

Un poète, qui
Sème des étoiles dans le désert,
Rêve de l'amour éternel,
Cueille la dernière rose de l'hiver,
Essuie les larmes d'un baiser.

Même si un jour,
Le poète s'en est allé
Cueillir le temps des souvenirs.

Il y aura toujours
Un oiseau qui chantera.
La joie d'un enfant,
Un papillon de printemps.

Les chaussures

J'enlace le temps
De mots d'amour
Qui s'usent,
Se patinent.

Des mots
Perdus comme le pain oublié
Que je remplace aux soldes d'hiver.

Las, fatigué
Des mots
Que je lace,
Que je délace,
Chaque matin,
Chaque soir.

Rêverie d'hiver

Au fil des mots de la vie
Du sable qui s'écoule
Les pages du livre se tournent.
Les nuages, d'un rideau blanc
Ferment lentement l'année.
Le givre entoure les branches,
Les souvenirs d'ouate s'enroulent.

Que reste-t-il de nos rêves ?
Quelques flocons de neige,
Un sapin de Noël,
Pour changer la terre.

Ces frontières
Entre Paix et Guerre,
Entre Rires et Pleurs,
Emportées par le passé.

Que

De Rimbaud, de Verlaine
De Prévert,
Les poèmes
Se promènent dans les champs.
De tes yeux ils chantent,
le bleu du ciel.

Du premier baiser,
De l'écume de la mer,
Des fleurs sauvages,
Nous sommes ces poèmes
De la vie.

Nous embrassons l'amour,
D'aimer, d'avoir aimé,
D'être aimé,
Nous embrassons la terre.

Langueurs

Quand l'arbre se dénude,
De ses feuilles se démunit,
Que l'oiseau le quitte.

Son âme nue,
Ses branches vers le ciel,
Comme les pauvres supplient.

Assieds-toi au pied de son tronc,
Dans le vent, écoute ses racines,
Les rêves de ma vie.

Sous les nuages,
Un arc-en-ciel sommeille,
Une hirondelle sur un fil,
Tisse la dentelle du printemps.

Je ne suis

Qu'un poème,
Quelques brins de votre vie,
Quelques rêves.

Combien
Je voudrais
Sur vos lèvres
Peindre les jours heureux.

Souvent
Je pense à vous,
Que je ne connais pas,
Je vous écris d'une étoile.

Parfois
Je vous donne mon cœur,
Pour un sourire,
Un instant de bonheur.

Inverno

L'hiver sous une couette
Aux couleurs d'automne
Nos souvenirs s'enlacent.

Le feu de bois dans la cheminée.
Comme un violon pleure
Le printemps de nos rêves.

Les roses se rappellent notre jeunesse,
La lune oublie nos rendez-vous.

Soleil,
Quelques instants seulement
Éclaire notre Amour.

Des quatre saisons,
Je veux être ton amant,
D'une couette je veux t'entourer
De tendresses.

Collier de perles

Je n'ai que des mots
Que j'enfile comme des perles.

Au fil du temps
Si fragile,
Ce bonheur qui ne tient qu'à un fil.

Si idylliques
Ces passions de Chimène
Quand l'âme embrase la mer,
Quand le cœur soupire.

Si volatils ces rêves,
Comme un cerf-volant
Dont la ficelle se brise,
Disparaissent dans les nuées.

Plus précieuse que les perles
Cette vie que j'aime.

Aux creux des venelles

Des embruns de ses nuits
De noir et de bleu,
Ses pinceaux déroulent
Les arabesques de son génie.

Ses mains tremblent,
Des transes de son âme,
Ses yeux brillent.

De sa fenêtre il allume les étoiles,
D'un tournesol la lune.

Un cyprès en deuil
S'incline sur une tombe inconnue.
Le clocher de l'église
Pleure un requiem.

Dans le lointain,
Les collines se dressent,
Entourent Arles
D'une nuit étoilée.

Inspiré du tableau de Vincent van Gogh
"La Nuit étoilée" (juin 1889)

Du fond de l'âme

Il est de ces instants
Dont l'âme s'émerveille,
Éclaire nos yeux,
Donne le sourire à la vie.

Comme un rayon de soleil
Sous la brume de l'automne,
Cette lumière du silence,
De la beauté d'une fleur
Du regard d'un enfant.

Ce vague à l'âme
Qui devient passion.
Des poètes romantiques,
D'une solitude mystique,
Sous une mer de nuages.

Ce n'est pas moi

C'est un mot qui se tait,
Une voix de l'au-delà,
Ce n'est pas moi.

Sur une feuille blanche
C'est Toi qui sourit
Au soleil de minuit.

C'est une fleur qui oublie le temps,
C'est le vent qui caresse ma peau,
Qui sème des rêves.

Ce n'est pas moi
C'est un printemps qui revient,
Un instant de toujours.

C'est sûrement Toi.

Des petites choses

Suis-je encore un enfant
Qui s'émerveille d'une goutte d'eau.
De mes cheveux au vent,
Comme un voilier sans gouvernail
Je divague.

Comme une libellule,
Comme un nuage blanc,
Je plane.

D'un souffle d'innocence,
Je savoure ces petites lumières.

Entre la vie et le rêve,
Entre le ciel et la terre,
Entre poésie et poètes.

Instants de bonheur

Une petite main
Qui s'accroche à la vôtre
Si simple, si anodin,
Cet instant de bonheur.

L'espérance d'être aimé
L'illusion de l'éternel.
Ce va et vient de mélancolie,
De l'âme qui demande,
Du cœur qui veut aimer.

Ce moment d'une seconde,
Qui devient l'infini
Quand on doit partir.

Que l'on s'accroche aux rêves,
A une miette de bonheur,
Comme l'oiseau en hiver.

A une fleur

Il sommeille dans mon Âme
Une fleur aux souvenirs
Au parfum de Chrysanthème.
Que de sourires, elle fleurit
Que d'amour et de joies
Se reposent dans sa beauté éphémère.

Le vieux noyer

Des noix joyeuses
L'été de vert vêtues,
Au grès du vent se balancent.

A l'approche d'Halloween
Le vieil arbre tremblant
Perd ses feuilles.

Les noix tristes,
De noir vêtues,
Tombent sur le sol.

Les hommes sans vertu
Les écrasent,
Et le noyer pleure.

Souvenances

D'une fontaine
J'écoute la musique
Je suis silence.

D'une fleur je vois la beauté
Ma tête comme la mer,
Mon corps comme l'oiseau.

Léger comme une aile
Bleu comme une perle d'eau.
Comme un jardin d'automne,
Je me blotti sous les feuilles.

Je ferme les yeux.
Les souvenirs voyagent,
Assis, au pied de mon arbre,
Je me rappelle…
Le temps de mon enfance.

La nuit couvre mes mots
Je m'endors
Je suis d'ailleurs.

La solitude

Cette compagne,
A l'aube se glisse.
Enlace mes pensées,
M'effleure de ses lèvres,
Caresse mes doigts..

Elle me prend par la main
M'emmène dans son jardin.

Si douce est la rosée du matin,
Elle me prend en otage,
S'empare de ma plume,
Dévore mon sommeil.

Si beau est le silence de la terre.

Ma vie

Ce livre dont je tourne les pages
Sans connaître la fin.
Parfois, je relis une page au hasard.

Peur d'oublier le passé
Peur de penser le futur,
Je feuillette le temps.

Lentement les saisons s'écoulent
Les fleurs se fanent,
Les feuilles tombent.

Une seule vie
Pour laisser quelques traces sur le chemin,
Pour goûter les larmes de rosée.

J'ai appris à aimer, à parler, à sourire,
J'ai donné ces baisers que je ne peux oublier
J'ai écrit ces mots qui apaisent la haine,
Ces sourires qui allument la lumière.

Que de rêves semés
Qui un jour s'envoleront
Sous l'aile d'un papillon.

Une seule vie
Pour éclairer la nuit d'une étoile.

Le nuage blanc

Je suis cet inconnu
Qui dans les nuages
Écrit vos joies,
Efface vos peines.

Lors de ciel bleu,
Peur de vous déranger
Je cache mes mots
Sous un voile blanc.

A l'aube du matin,
Quand la terre endormie
S'étire et s'éveille,
Que les volets se lèvent.

D'un nuage blanc caresse
A demi-mot vos rêves,
Et vous entoure de rosée
De quelques mots d'amour.

«Les nuages blancs qui dorment la nuit
dans les bras du vent
se laissent porter comme des enfants
et rêvent qu'ils font
et font en rêvant
le tour de la terre.»

Gilbert Cesbron

Quand tu n'es pas là

Les oiseaux chantent
Les fleurs fleurissent
Dansent dans le vent.

Mais sans Toi
Je ne peux les voir,
Je ne peux les entendre.

L'horloge s'affole,
Le temps recule,
Et mon chien est si seul.

L'automne est hiver,
La maison frissonne,
Et je suis si triste,
Comme l'oiseau sans ailes
Je cherche le vent.

Te souviens-tu

De ce train à vapeur
Soufflant des nuages blancs.

Assis sur le banc de bois,
Je dessinais sur les fenêtres
Les fleurs de ma jeunesse.

Ce monstre d'acier
Au galop traversait les forêts,
Ma joie emboitait sa cadence.

Comme une horloge,
Le cliquetis des rails oubliait le temps.
Ce monstre magique baladait mes rêves.

Mon âme voyageait,
S'arrêtait dans ce petit village,
Les cheminées me saluaient,
Les arbres murmuraient
Quelques mots de bienvenue,
De leurs branches m'indiquaient
Ces petits chemins qui étaient les nôtres.

Histoire d'Ô

Il pleut, il pleut sur Paris
Il pleut des cordes.
Place de la Concorde
C'est la discorde.

Il pleut, il pleut sur Londres
Des chats et des chiens,
Aboiements et cris félins,
Le parlement ne s'entend plus.

Il pleut, il pleut
De Bruxelles à Amsterdam
De Brel à Brassens
Les canaux n'en peuvent plus.

Il pleut, il pleut
De Bastogne à Malmédy,
Il pleut des noix et des masques.
Les grenouilles patouillent
Les vaches n'en peuvent plus.

Il pleut, il pleut à Cherbourg
Il pleut des parapluies,
Les arrosoirs n'en peuvent plus.

Il pleut sur la ville
Il pleure dans mon cœur,
Des poèmes de Verlaine.

Les mouettes

Quand la brume du matin
D'un voile couvre mon coeur,
Que le bateau sur l'océan
Cherche un port.

Que la terre s'habille d'incertitude ,
Que les portes se ferment
Au crépuscule de la vie.

Où sont les oiseaux...
Où sont les images du printemps ?

Quand le voile se déchire,
Quand le temps n'est plus.
Que le bateau échoué
Se couvre d'écume,
Que les mouettes grises
Couvrent de leurs ailes
L'épave des souvenirs.

Blue Moon

Quand d'ennui la mer s'endort
Sous le baiser tendre de la lune,
Mes rêves glissent sur l'onde
Cueillent les murmures des roseaux.

Les poissons d'argent
Se couvrent de perles de sable.
Les coquillages caressent le corail
Les voiles se replient
Les filets oublient.

Sous la lune bleue,
D'une plume de cygne,
D'un ballet d'étoiles,
Mon âme danse,
S'ouvrent tes yeux de velours.

Mon compagnon

Il me connaît
Que je l'aime
Quand il vient se blottir.

Il ne veut que l'attention
Que la protection.
Ce petit être à quatre pattes
Si fragile, me protège.

Ses yeux m'interrogent,
Sa langue est amour,
Son cœur bat sous les caresses.

Il se roule de plaisir
Il connaît chaque pas de ma vie
Sans lui je ne pourrais être.

La rose d'automne

Sous la lune,
Une rose perdue
Rêve des amants de l'été.

Une rose oubliée,
Entourée de feuilles mortes
Attend des doigts
A la douceur d'une caresse.

Une larme de rosée
A la fraîcheur du bonheur.
Une rose frileuse
Balance sa solitude.

La pluie démaquille
Sa beauté de printemps.
Son cœur se ferme
Aux rigueurs du vent.

S'effeuillent les souvenirs,
Sous les soupirs d'un vieux chêne,
Une rose attend
Le regard amoureux
De la lune au couchant.

Toi l'oiseau

Dis-leur :
Que tu reviendras
Qu'un enfant est soleil
Qu'un pauvre est riche.

Dis-leur :
Quand le printemps reviendra
Tu leurs chanteras
La beauté de la terre
Quand le ciel est bleu.

Dis-leur :
Que les pétales de rose
Deviendront poèmes
Que les pleurs seront des perles.

Dis-leur :
Que l'amour est beau
Quand les mains se serrent
Quand les yeux brillent
Dans l'obscurité de la nuit.

Ils se sont aimés

Les années ont passées
Comme les arbres s'effeuillent
Comme les roses au printemps.

Ils se sont aimés
De la passion à la raison.
Ainsi, ils se sont promenés.

Des jours heureux,
Des nuits enflammées
De douceurs, de chaleur.

Ils se sont aimés
La main dans la main
Sur le même chemin.
Les yeux dans les yeux
Pour l'éternité.

Ils se sont tant aimés,
De mots de tous les jours,
Des rides de l'amour,
Sous la pluie
Pleurent leurs souvenirs.

Champagne

Le bouchon détone
D'une musique légère
Les bulles sautillent,
Dansent dans tes yeux.

Ton palais s'enivre,
Tes lèvres enchantées
Dégustent le désir,
Tes yeux pétillent.

Pure passion
De douceur,
Délicate et subtile.

Chrétiens de Troyes

J'ai vu votre ville
Des Chevaliers,
De Lancelot à Perceval,
Des nobles Dames
Je rêve.

Quand mes yeux s'éteignent
Que je ne me rappelle plus.
Que le poème reste,
Moisson de votre beauté.

Je vois vos cathédrales
Aux voûtes infinies.
Et mes oreilles bourdonnent encore
De la voix de vos clochers,
Au profond de mon âme.

La Bourgogne

Mon âme dans les vallées
D'un calice de vin,
De falaises où coule
Lentement le temps.

Les derniers rayons du soleil
Meurent au pied des vignes.
De la paix de notre Créateur,
Des chemins grimpent vers le ciel
Pour redescendre à terre.

Une source murmure le silence,
Que j'aimerais laisser
Mon Âme reposer
Dans ce terroir au pied d'une vigne.

Avec les mains

Pour unique langage
Qui plus que les mots
Crient nos je t'aime.

Avec les mains en prière
Pour implorer le pardon.

Avec les mains usées
Aux cicatrices du temps,
Aux rigueurs de l'hiver.

Avec les doigts
De l'ombre du passé
Qui laisse les traces de solitude.

Avec les doigts
Qui se croisent
Pour l'ultime voyage.

Un jour

Comme l'oiseau
Quand l'hiver s'annonce
Je m'envolerai
L'amour en bandoulière.

Comme le soldat
La fleur au fusil
Mon âme apaisée
D'une étoile inconnue
J'embrasserai la paix.

Au vent doux du printemps
Je serai l'abeille.
J'ouvrirai ton cœur
Au parfum de rose.

Un jour, quand le soleil
Sourit à la terre
Tu seras près de moi.

Écrire

Chaque jour ouvrir les fenêtres
Écrire pour dire des mots,
Peur d'oublier un rêve.

De poésie couvrir les guerres
Oublier le temps des misères,
Pour aimer plus que la haine.

Écrire pour ceux qui ne sont plus,
De leurs âmes dessiner des étoiles,
Peur d'oublier les souvenirs.

Être libre de partir
De naître et de renaître,
Être poète à perdre haleine.

Créer la beauté du désert,
Du sable emporté par le vent
Vivre pour mieux partir.

Au crépuscule

Le soleil s'assoupit,
Se couche sur l'herbe,
Exténué de lumière.

Les ombres dessinent
Les derniers baisers
Des amants fatigués.

La nuit cherche le jour,
La lune et la mer
Flirtent sur les bancs de sable.

Au pied de mon arbre

Sur chaque branche de ma vie,
Des mots s'assemblent,
Prennent racine.

Ces mots du passé,
Que je conjugue au présent,
Racontent mon histoire.

Ils se bousculent,
Me font voyager,
Rire, sourire, pleurer.

Ils s'accrochent aux branches
Comme des espoirs,
Comme des fruits,
Que je savoure.

Magie de ces mots,
Qui à chaque saison
Réveillent les senteurs
Du bonheur de vivre.

Souvent,
Je parle à ma vie,
Je lui dis :
"Il me semble souvent que je t'aime".

Entre rêves et légendes

Je promène mes pensées
Au son d'un vieux disque rayé.

A travers ma vie
Se croisent les chemins
De rêves et de légendes.

Au gré du temps
Les châteaux de sable,
Les contes merveilleux
Sont disparus dans les nuages.

Sur le fil de ma vie,
Je sèche les larmes.
De quelques rêves solitaires
Qui dérivent dans le ciel.
Reste sur le bord d'une rive
Le chant des sirènes.

Je ne suis que

Poète
Parfois mon cœur s'égare,
De tes rêves j'écris des roses,
De ton âme morose
J'écris les oiseaux,
Les fleurs de l'hiver,
Les enfants qui pleurent.

De la terre ronde
Je dessine la lune
Je ne peux rimer
Les battements de ton cœur.

Dans tes bras
Je deviens musique
Je deviens peintre.

L'or bleu

Poète de la mer
Aux poissons d'argent
D'éclairs, de coups de foudre
J'inonde votre vie.

Du voilier de mes poèmes
Des nymphes, néréide,
De l'écume des vagues,
De l'amour, de la beauté
Je dérive vos cœurs.

Aphrodite de vos désirs
Du vieil homme et la mer
J'inonde votre cœur
De vos passions futiles,
De fontaines et de piscines
Au grès de mes rengaines
Je vous emmène.

Renaître

Renaître l'amour
Renaître la vie
Renaître la beauté.
Être ou ne pas être.*

Changer le chemin
Changer les mots.

Parcourir, découvrir
Donner à la terre,
Du ciel bleu,
Des enfants,
Des arbres verts,
Des oiseaux,
De l'amour,
Pleurer,
Se souvenir.

(*) Hamlet/ William Shakespeare

Assieds-toi

Viens me parler d'amour,
De ces mots qui brillent,
Éclairent les jours sombres.

Quand dans l'ombre
Je cache mon cœur,
Que l'horloge monotone
Du temps qui s'écoule,
Sans cesse ride ma peau.

Donne-moi ta main,
Que je sente la vie,
Que de ma solitude
D'un sillon de tendresse
J'oublie ma détresse.

Emmène-moi
Protège-moi
Parle-moi d'amour.

Sensuelle

De mon bulbe fleurissant
Caressant la douceur de la soie de son turban.
Le Sultan de Sasliman
Délaissa son harem.

Un flamand m'a cuisinée
Un hollandais du pays des moulins,
De mon cœur s'est emparé.

Immigrée,
Hybridée,
Malmenée
J'en ai vu de toutes les couleurs.

Sous le charme
De ma peau au satin marbré,
Je les ai enflammés.

Ils m'ont baptisée " Rembrandt"
Je m'appelle Tulipe,
Fleur magique,
Qui ferme les yeux
Quand le soleil se couche.

A l'aurore,
J'ouvre mon calice
Savoure les regards des curieux.

Brin de beauté

Je suis ce brin si fragile
D'une beauté éphémère.
De la passion d'une gente Dame,
Du baiser d'un Chevalier aimant,
D'une clochette discrète,

Je garnis la robe d'une mariée
Je festonne le printemps,
Le premier Mai
En tapinois,
D'une note blanche
J'accroche les cœurs.

Je ne suis qu'une fleur d'un instant
D'une mère aux yeux de tendresse,
D'un enfant à l'innocence si belle,
Qui jamais ne se fane.

Que reste-t-il ?

Quand l'intelligence est l'argent,
Que l'argent est le pouvoir,
Que le pouvoir est la guerre,
Que la guerre est la raison.

Que reste-t-il ?

Les larmes des pauvres,
Le rire des riches,
Le manque d'humanité,
La pauvreté de âmes.

« Vaincre la pauvreté n'est pas un geste de charité. C'est un acte de justice. Il s'agit de protéger les droits humains fondamentaux, le droit de vivre dans la dignité, libre et décemment. Tant que la pauvreté persistera, il ne saurait y avoir de véritable liberté. »

Nelson Mandela (discours sur la pauvreté à Londres en 2005)

Plus

Que je ne pouvais,
Je t'ai aimée.

A la croisée des chemins,
Dans la détresse,
J'ai cherché ta main.

Quand la tendresse
N'est plus un regard.
Que les lèvres
Oublient les mots
Qui réchauffent l'hiver
D'une caresse d'un feu de bois.

Moins
Qu'un amant
Déclamant sa passion
Je n'ai pu te séduire.

Comme
Un voilier perdu
Aux creux de la tempête,
Aveuglément,
J'ai cherché le rivage.

Sans toi

Sans le baiser de tes yeux,
Il n'est pas de ciel,
Il n'est pas de rêves.

A l'ombre de tes cheveux
Sans la lumière de ton regard,
Il n'est pas d'amour,
Il n'est pas de soleil,
Quand les roses s'éveillent.

Sans le fruit de ta bouche,
Il n'est pas d'oiseaux,
Qui bécotent les cerises
Aux couleurs de la passion.

Sans la magie de tes doigts
Il n'est pas de poèmes,
Qui chantent les romances
Des amants de bohème.

Le banc des souvenirs

De ce livre à la couverture jaunie
Dont je relis quelques pages,
Dont je feuillette le passé.

Ce banc où je pensais
A la main que je tenais.
Au sourire suspendu
D'une branche tremblante.

Au solo langoureux,
De ce violon triste
Sous un ciel orageux.

Dans la tempête du silence,
Je cherchais la lumière
D'une nuit d'été,
Quand le soleil se lève.

Quand le fleuve s'arrête
Au barrage du bonheur,
Pour regarder la terre.

Si belle cette larme
D'un enfant triste,
Quand la goutte de rosée
Glisse dans le calice d'une rose
Pour s'ouvrir à la vie.

Rose du soir

Comme un coucher de soleil
Dans les bras d'un lac endormi.
Comme l'amour, qui
Dans la nuit de tes yeux s'éteint.

Quand l'oiseau se pose
Sur tes lèvres,
Quand Jérusalem pleure,
Quand Venise soupire,
Quand le silence se meurt,
D'un denier baiser de la nuit .

Oh !
Que tu es belle !

Un coquelicot

Sur ton oreiller
Dans l'orgue bleu
De notre ciel de lit.
Un coquelicot si fragile
Qui souffre du vent.

Comme une étoile filante
Les souvenirs de notre vie
D'ombres se couvrent.

Cueille chaque jour ces pétales.

Car,

« Un coquelicot fané ne refleurit jamais »
Ömar Khayyam

Les larmes du soleil

De ses rimes pleurent
La beauté des fleurs meurtries,
De tristesse se cache.

Des larmes de l'enfant abandonné,
Du vieil homme injurié et frappé,
De ces larmes qui sèchent,
Restent à jamais les blessures.

La terre se cache la face
Derrière ce voile de violence.

Quand le soleil s'éteint
Que la musique est requiem,
Le poète se tait.

Tout comme moi

Tu es cette graine,
Sur cette terre où tu te poses.

Parfois, au grès du vent,
Il fleuri une rose.

Comme un arc-en-ciel,
Comme un mirage dans le désert,
Comme une étoile dans le ciel.

Parfois,
Entre ombre et lumière
Tu disparais.

Rose des vents
Rose de sables
Rose du désert
Sablier de ma vie.

Une plume blanche

Caresse tes paupières
D'une brume de dentelle
Les anges décrochent les étoiles.

Que le monde est beau,
Entre ciel et terre,
Quand l'oiseau chante.

Que le ciel est bleu,
Quand le soleil cueille le jour,
Dévoile tes yeux endormis,

Que tes cheveux dansent,
Que les feuilles frissonnent,
Quand les roses fleurissent.

*« C'est une plume d'ange,
Je te là donne
Montre-là autour de toi
Et ce monde malheureux
S'ouvrira au monde de joie
Adieu et souviens toi.
La foi est plus belle que Dieu»*

Claude Nougaro

Un ami

Un rayon de soleil
Un chemin, un mot
Une porte qui s'ouvre,
Une étoile dans le ciel,
Une perle au fond de la mer.

Je ne sais quoi,
Je ne sais qui.

Un ami pour comprendre,
Pour pardonner,
Pour croire, pour être.

Un ami pour être Ami
Pour raconter le passé,
Pour devenir le présent,
Pour être l'éternité.

Vague à l'âme

Quand la mer émeraude
De reflets papillonne,
Que presque nue
Le vent dégrafe son corsage.

Caresse l'ombre des dunes
Aux courbes si graciles.
Et d'un geste tendre,
De bleu et de vert.

Les vagues se mélangent,
Bercent les voiliers,
Sur le banc de mer
Pleure une Émeraude.

Le miroir

De tes yeux,
Le miroir se souvient.
De tes doigts
Qui effaçaient la buée d'une larme.

Dans le miroir aux alouettes,
Tes rêves planent,
Et fondent au soleil.

Dans les mirages de la vie
Les images s'inversent.

Dans la profondeur du lac
Les rides de l'onde,
Au grès de la lumière,
Des saisons, des passions,
Brisent le miroir.

Cher pays de mon enfance

De tes bois, de tes ruisseaux,
De tes sapins, de tes ardoises,
Mon âme se souvient.

Sur les épaules de mon père
Que j'étais beau !
Quelles étaient belles !
Les fleurs sauvages
Qu'il me cueillait.
.
Le soleil d'or caressait les champs de blé,
Les flammes rouges du foyer,
Couvraient les blessures.
Que la pauvreté était noble
Que la richesse était l'âme.

Sur ses épaules,
J'étais grand.
Je touchais les étoiles.
Sur ses épaules
J'ai aimé,
J'ai pleuré.

Le poème

Butinant de fleur en fleur
Écoute la musique
De mes vers romantiques.

Tomberas-tu ?
Dans les bras de mon poème
Les pieds libres comme le vent.
De mes soupirs, de mes rimes
D'un alexandrin souverain
L'hiver sera le printemps.

Quelques étoiles,
Un quatrain de lune.
Rêveras-tu ?

Carpe Diem

ACROSTICHE DE RONSARD

Rêver, cueillir le matin
Oublier le lendemain
Naître chaque jour
Saisir l'Amour
Adorer plus que la vie
Rayonner le bonheur
Débrider les coeurs.

« Carpe diem quam minimum credula postero
Cueille le jour présent sans te soucier du
lendemain »
Horace

Parce que c'était elle

Qui comme une aile d'oiseau
Sur une branche,
Fragile et délicate,
Apprivoisait les mots.

Les étoiles cachaient son nom,
Entre ciel et pluie,
La fenêtre ouverte,
Elle cueillait les couleurs.

Son âme obscure
Cherchait la lumière,
Rêvait le vent, se glissait
A l'ombre de la lune.

Une nuit avec elle
A oublier les heures.
Une nuit à la belle étoile,
A compter les voyelles,
Parce que c'était nous.

Les épices

Que de saveurs !
Que de couleurs !
Surprise à chaque plat.

De la vanille
Que mes lèvres
Invitent au voyage.

Des senteurs de Provence,
Au romarin, à la basilique.
Mes lèvres balancent
Aux parfums de romance.

Je déguste ces délices,
Sur l'herbe tendre
Au goût de printemps.

Si seulement un instant

Je pouvais arrêter le temps
Du sourire d'un enfant
D'un rêve impossible.

Je cherche sans répit
Cette horloge sans cadran,
Ce jardin qui ne cesse de fleurir.

Un instant seulement,
Suspendre le temps,
Le peindre juste pour l'arrêter,
Le pendre à mon chevet.

Un instant seulement,
M'enivrer de mots sans paroles,
Du silence de la nuit ,
Du soleil du jour.

Silence

*"Seul le silence
est grand
tout le reste
est faiblesse"*
Alfred de Vigny

Ni des mots mélodieux
Ni le nom de mon Dieu
Je ne dirai rien.

De nos Amours,
De nos Plaisirs,
De ta Beauté,
De la Haine,
De ces démons insidieux,
Je ne dirai rien.

Mon âme pleure,
Mon cœur souffre,
Je ne parlerai pas.

Une plume

Pour entrouvrir les cœurs trahis
par la haine.

Pour offrir ce que certains
n'ont pu donner.

Pour écrire ce que d'autres
n'ont pu dire.

Pour couvrir le froid, la tristesse
par le sourire.

Pour retenir les larmes que certains
ne veulent pas entendre.

Pour crier la vérité, la paix, la liberté.

Une bouteille à la mer

Sous le soleil couchant
Une encre jetée,
Sur un papier jauni.
Des taches de détresse,
Enroulées de vagues d'amertume.

Une bouteille à la mer
Sur le sable mouvant.

Ancre du désespoir,
D'une vie en dérive,
Appel aux secours,
Sous un soleil mourant.

Liberté

Enchaînée de toutes parts
Singeries du pouvoir,
Statue ou Tour.

Tu n'es plus que chimères,
Qu'un symbole éphémère,
D'un rêve perdu.

Otage de l'argent,
Bafouée, insultée, violée.
Tu n'es plus que ruine.
Prisonnière
Des grands de ce monde.

De tes assaillants, je te défendrai.
Tel un chevalier, sur mon blason
J'écris ton nom.*

* Paul Eluard.

Lettre à une inconnue

Depuis sa fenêtre,
Ouverte sur le monde,
Elle écrit cette lettre.

Au soleil, ses mots d'espoir,
Sa beauté, sa tendresse,
Lumière de sa vie
Tel un diamant solitaire.

Rayon d'un amour éternel,
Parsemé d'étoiles
Que même la nuit ne peut ternir.

Chaque jour, elle écrit
A cette inconnue, sans adresse..

La fraîcheur du soir se fait sentir,
Elle ferme sa fenêtre,
Glisse la lettre sous son oreiller.
Dans les bras de Morphée s'endort,
Rêve à cette inconnue,

Sa vie.

A petits pas

Côte à côte,
Ils cheminent.

Chaque jour,
Mot à mot,
A chaque pas,
Répètent les mêmes choses.

Se tiennent la main,
Peur de partir,
L'un sans l'autre.

Le dos voûté,
Frêle tel un voilier au grand vent,
Ils se serrent l'un contre l'autre,
Caressent leur peau,
De tendresse se baignent.

Clopin-clopant,
Nos petits vieux prennent leur temps.
A petits pas, heureux
Chaque jour,
Ainsi, ils cheminent.

Combien ?

De je t'aime
Pour essuyer les larmes
De la haine et de la guerre.

Combien ?
Pour briser le silence,
La tempête et l'orage.

Combien de je t'aime
Pour allumer les yeux hagards,
Pour dessiner un sourire.

Combien ?
De souvenirs, de regrets,
Pour un je t'aime oublié.

Combien d'amour ?
Pour un premier je t'aime.

Être

S'éblouir des ténèbres,
Déshabiller l'amour,
Pour en faire une beauté.

Courber les mots
A coups de poings et de virgules,
Pour en faire une sculpture.

Regarder, observer,
Pour être soi,
Pour être l'autre.

S'inventer à nouveau,
Pour oublier la solitude,
Pour cacher la peur.

Construire des rêves.
Jouer avec les mots,
Pour vivre dans la joie.

L'éveil du printemps

Un violon triste, pleure
La froideur du vent du nord,
Pince ses cordes des langueurs
D'un bonheur disparu.

L'âme brisée,
Il couvre son chagrin
De quelques notes d'un piano
Aux accents oubliés.

Le ciel se découvre,
Quelques rayons de soleil,
Aux allures printanières.

Quelques primevères imprudentes,
Se dévoilent sous les feuilles,
A la recherche de leurs nouvelles toilettes.
Un moineau cherche sa clé de sol.

Quelques demoiselles aux épaules dénudées,
S'enivrent des douceurs,
Des caresses du printemps.

Peinture de notre amour

Une palette de couleurs
Pour créer un rêve,
Que nous voulons vivre
Un monde sans peur.

Rouge de la passion
Couleur de l'amour
Pour toujours,
Comme un ciel éternel.

Toi, ma femme dans mes bras,
Qui ensemble rêvons
Que toujours ainsi sera.

Parfois, nous courons
Sur la plage de sable jaune,
Sous un rayon d'or.

Nous brûlons nos corps
Nous dansons dans les prés verts
Dans l'herbe tendre,
Nous roulons nos cœurs et nos âmes,
Et notre vie n'est qu'amour.

Comme, dans les contes de Grimm,
Nous peignons nos rêves
Dans un nuage rose.
.

A l'aurore

Quand la terre s'éveille,
De quelques bruissements de draps.
Seul, tout seul,
Je l'épie.

Tel une vierge, timidement,
Discrètement, découvre ses secrets.
Seul, tout seul,
Je l'admire.

Elle m'entoure d'une ombre blanche,
M'entraîne dans une farandole.
Seul, tout seul,
Je danse avec elle.

Les muses aux voix mystérieuses
De Victor Hugo se souviennent,
Et chantent
" Ô Terre, ô merveille
Que je t'aime ! "

Blizzard

Hurle, le vent du nord,
Souffle des démons de toutes parts,
Le blizzard m'entoure.
Glacé, mon cœur pleure des cristaux,
Se couvre de ténèbres.

J'ai peur, des rafales de haine,
De la guerre qui couvrent la terre,
De ces nuages gris aux couleurs d'acier,
De ces monstres qui se déchaînent.

Je veux le printemps,
Blotti, comme un oiseau dans son nid.
Auprès de toi,
Je cherche le soleil.

Soleil

Un Roi a pris ton nom
De rayons d'Or a couvert son château,
De ta beauté a éclairé sa cour.

Un Peintre,
Aux levants de rosée,
Aux couchants des rêves,
De ta lumière a couvert ses tableaux.

Moi, qui ne suis, ni Roi, ni Peintre,
Dont le cœur est brouillard,
Dont l'âme est pluie,
D'un arc-en-ciel.

Couvre ma demeure
Ouvre les volets,
D'un sourire chasse les nuages.

La danse des rubans

De mes vers, de mes rimes,
Je déroule le temps,
Bout à bout je lace
Mes tristesses et mes joies.

De rubans de lumière,
De rubans de dentelle,
J'enroule mes souvenirs.

De rubans de couleurs,
De vert j'entoure la terre,
De bleu le ciel et la mer.

D'une douce brise de poésie,
Des demoiselles si belles,
D'un ruban de lune,
Je couvre leurs épaules.
.
De quelques perles de rosée,
Sur leurs cous posés.
D'un ruban de soie,
J'enlace leur cœur.

Que vous soyez

Chrétien, Païen ou Crétin,
Mon arbre de Pâques,
Couvert d'œufs,
De poules et de canards.
Je vous l'offre.

Œufs blancs comme neige,
Œufs bleus,
Comme la Provence,
Mes rêves chantent.

Des petits poussins
Découvrent le soleil,
Pépient de joie.

Boules d'amour, de tendresse
De toutes religions.
De ma chasse au bonheur
Je vous offre la paix.

Le couloir du désespoir

De ce bateau sans équipage.
En dérive, des vies sans lendemain,
Cherchent une escale.

Certaines arrivent,
Certaines quittent.

Des âmes souffrent du désert,
Les yeux hagards vers le ciel
Prient des dieux inhumains.

Des cœurs se noient
De larmes et de désespoir,
Ils cherchent cette terre,
Où la misère devrait se taire.

Ils s'accrochent aux grillages,
En attente d'un couloir, d'un espoir.
Pour eux, la vie n'est rien...
Qu'un refrain de misères
Qui se répète sans fin.

Quand on n'a plus l'amour

Que l'on n'a que les dents
Pour mordre la vie,
Pour oublier son âme.

Que les yeux sont aveugles,
Ne voient plus les larmes,
Oublient la lumière.

Alors les mains sans caresses,
Oublient la tendresse,
La douceur d'une mère.

Quand on n'a plus l'amour,
Que le cœur devient sourd,
Que l'on ne peut plus aimer.

Alors, les mains se referment,
Les étoiles s'éteignent,
La lumière est ténèbres,
Le cœur n'est plus que pierre.

Aux portes des rêves

Quand le soleil s'endort,
Que les arbres soupirent,
Que les ruisseaux rêvent d'eau,
Que ton cœur bat dans mon cœur.
Que les falaises deviennent vallées.

Quand l'ombre de mes désirs
Devient des étoiles,
Que le soleil se voile,
Que mes yeux plein de toi,
Se ferment.

Alors, mon âme vagabonde,
Au hasard des chemins,
Ivre de poésie d'une brise bleue,
Au parfum de l'aurore entoure la forêt.

De longs cheveux d'or,
Cueillent la lueur du soleil,
Comme une rose ouvre le ciel.

Sans cesse

Des murs se dressent,
Sans lumière, sans fenêtres,
Des oiseaux noirs se nichent,
Le cœur rempli de haine,
Ils guettent leurs proies.

Crachent la terreur, tuent,
Offrent les sacrifices à leurs prophètes,
A leurs dieux pour un paradis.

Perdu dans le désert,
J'écris mes souffrances
Dans le sable,
Où le vent les emportera.

Je grave dans la pierre,
Mes amours, mes joies, mes amis
Que rien ne peut effacer.

Que je me souviens

Du café noir à l'aurore,
Quand le coq chantait le réveil,
Le parfum du lard qui fondait,
Emplissait la chaumière
De saveurs mystérieuses,
Envoûtant mes papilles.

Dans ce petit village,
Blotti au fond des Ardennes,
Comment oublier ces années
Quand j'étais " Petit Prince".
Cette terre lourde et sensuelle
Qui s'attachait à mes mains.

Dès que le printemps s'allumait,
D'une baguette magique,
Telles des pâquerettes,
Les jeunes filles souriaient,
Telles les biches gambadaient.
Séduisantes,
Sous un soleil au goût de miel,
D'une douceur angélique,
Faisaient battre mon cœur.

Que je me souviens....
De mes grands-parents.
Elle Bertha, Lui Émile,
Ils s'aimaient, se disputaient,
Comme des gamins.

Seul

Ces souffrances,
Ces déchirements,
D'une vie qui nous quitte.
Que le temps d'aimer,
Que le temps de rêver
Se sont enfuis trop tôt.
Dans une chambre,
Dans le silence
Désespéré.

Seul,
J'ouvre les mains,
Je ne sens que le vent.

Dans l'ombre de mes larmes,
les souvenirs
Jamais ne me quittent ,
A chaque pas, me suivent.
L'un contre l'autre se serrent.

Porte des Lilas

La bise, le froid,
Cette station de métro
Qui s'ennuie des regards éteints.

Assis sur un banc,
Mon esprit voyage,
Au grès des rames
Qui se croisent.

Assis sur un banc,
Je bois le silence,
Mon âme, comme un oiseau,
Sur une branche,
Parle aux arbres.

D'un instant de bonheur,
D'un pinceau, je repeins ma vie.
De bleu,
Je couvre les peines,
D'un arc-en-ciel
Cache la grisaille des rames.

Soudain les roues d'un grincement sinistre
Écorchent les rails.
Des hommes, des femmes se bousculent,
Se précipitent vers leur destin.

Planètes

Quand le soleil se couche,
La lune d'un baiser
Couvre ses yeux.

Les étoiles dans le ciel obscur
Allument les rêves
De la planète terre.

Ainsi les astres
Regardent la détresse
De notre monde.

Et une nouvelle planète
Non loin de la terre,
Dans le ciel brille,

De la chaleur des cœurs,
De l'amour, de l'amitié.

Une pluie fine

D'une mélodie divine,
Sur une page au parfum de langueur.

Les mots s'écoulent,
De frissons habillent mes vers,
D 'une virgule soupire le temps,
Efface le blanc des nuages.

Une pluie fine, goutte à goutte
Remplit la feuille du parfum de ma vie.
Je ne sais
Quels chemins,
Quelles routes prendre.

Mon corps soupire
Des années de jeunesse,
Oublie les caresses.

Elle est

Ce poème dont je cherche les vers,
Ce mot que je ne trouve pas,
Ce mystère qui trouble ma vie.

Un lac où je me noie,
Une rivière où je pose mes lèvres,
Un regard où je me perds.

Son sourire efface la pluie,
Ses yeux éclairent mes nuits.

Elle est,
Cette chance de bonheur,
Le soleil de mes jours sombres.

Une plume légère,
Une colombe blanche,
Un papillon qui bourdonne,
Une fleur dans mon cœur.

Cette feuille de menthe,
Qui embaume ma vie.
Dans son cœur forteresse,
Je suis prisonnier,
Condamné à vie pour l'aimer
Est une douce peine.

Mon jardin

Je sème les fleurs
Comme mes rêves.

D'un parterre de couleurs.
Chaque printemps,
Quand le soleil séduit la lune,
Quand le merle chante.
De quelques perles de rosées,
Les roses ouvrent leurs corolles.

J'aime ces beautés si fragiles.
Comme un enfant,
De quelques gouttes d'amour,
Je souris à la vie.

Quelques perles de bonheur,
Quelques larmes de souvenir,
Fleurissent mes poèmes.

La caresse du vent

Je vous l'accorde,
Qu'un vent doux,
D'une feuille a bercé mon âme.

Que cette caresse,
Que ce souffle de bonheur
M'a emporté.

De mots bleus
Je voulais là séduire,
D'un murmure,

Seul
Tel un voilier sur l'onde,
Avec le vent pour amant,
Je caressais le monde,
Je découvrais ces mots
Qui dansaient dans ses cheveux.

Canicule

Le soleil d'un souffle brûlant
Accable mon être,
Ma plume tremble,
Mes vers se brisent.

L'air brûle, d'une fournaise,
Embrase la forêt de mes rêves.

Au crépuscule,
J'arrose cette fleur,
Qui d'un parfum de savane
Enflamme mon cœur.

Tel un arbre,
Je ne peux trouver l'ombre,
De mes poèmes,
Je cherche la source,
Mais l'eau ne coule plus.

Sans le savoir

Je voyageais dans ses yeux,
D'une brise de velours,
La douceur de ses paupières
Caressait mon cœur.

Sur le rivage de ses lèvres,
Au sourire d'une rose,
Je me baignais de soupirs.

Sans le savoir,
Dans l'océan de sa chevelure,
D'une écume d'étoiles,
Je rêvais de poissons d'argent.

De ses doigts,
Une cascade de notes
Dansait au bord de l'eau,
Sous un doux Adagio.

Un ange

Ce matin,
Couvre de ses ailes
Les nuages sombres.

Dans le silence,
Quelques flocons de neige
Se fondent en larmes.

Une colombe perdue,
Déploie ses ailes blanches,
Disparaît sous le ciel lourd.

Ce matin, je vous écris,
Mon âme est triste,
Solitaire dans ce monde déchiré.

Un ange blanc
Prend ma plume,
D'une manne céleste
Écrit quelques rimes.

Mes racines

Puis-je vous l'écrire,

De ce souvenir,
De mes grands-parents
Ils m'ont aimé,
Ils m'ont bercé,
Ils m'ont adoré.

Puis-je vous le dire,

Que je ne peux oublier,
Encore, je pense à eux.
De leurs joies, du bonheur
De leurs yeux étoilés.

Je suis leur racine,
Je suis leur flambeau
Je suis leur amour,
Je suis leur mémoire.

Puis-je vous décrire,

Ces années sans récolte,
Ces années sans moisson.
Quand les larmes,
La prière et l'amour,
Dans mon cœur
Ont semés le bonheur.

De ton sourire

Au miroir de tes yeux,
J'habille mes jours
D'un jardin de Monet.

Aucun soleil,
Qu'il soit de printemps ou d'été,
Ne caresse ma peau
A la douceur de tes lèvres.

De ton sourire,
Qui aime en silence,
Dont je cherche les mots,
Dont je peins ma vie.

Quand il s'éclate en rire,
Je ne peux me retenir.
Mes mains pour le cueillir,
Mes bras pour le garder.

Ainsi

La vie est une gare,
Un départ, une arrivée.
Certains s'égarent,
Cherchent leur voie,
D'autres se perdent.

Donne ta main à ce berger
Il te conduira dans les prairies,
Aux herbes tendres de ta vie,
Fera un ciel d'étoiles.

Que ton printemps
Soit les quatre saisons.
Que ton hiver
Soit ce feu de bois
Qui allume la tendresse.

Ainsi,
Coule la rivière,
D'un lac s'émerveille.

Ainsi,
Les étoiles dans le ciel,
Chaque nuit rêvent.

Ce n'est pas

L'heure d'un poème,
L'heure de l'amour.
Ce n'est plus l'heure de la paix,
C'est l'heure de la puissance.

Les mots ne parlent plus,
Tels des bombes, ils tombent
Au hasard, ils éteignent les regards.

Des larmes coulent,
Des yeux hagards cherchent la lumière.
Que de balles perdues !
Que de petits anges dans le ciel !
L'horreur du passé, déjà oubliée.

A la table des anges

Comme une fleur,
Au parfum de la vie,
Cherche son chemin.

D'une soif d'amour
Je cherche mon destin.

D'une corolle de poésie,
Je cache mon bonheur.
D'un baiser de douceur printanière,
Je m'enivre de beauté.

*« Les fleurs du printemps sont les rêves de l'hiver
Racontés, le matin, à la table des anges »*
Khalil Gibran

Une mélodie de velours

Une brise légère dans ses cheveux
Jouent une mélodie.

Une rivière, une cascade,
Que le temps ne peut arrêter.

Je me penche
Sur la douceur de sa peau,
Caresse son visage,
Comme un papillon une fleur.

Je suis seul,
Je regarde sa beauté,
J'oublie les nuages,
De bleu je peins les arbres.
Un instant seulement...
Je ferme les yeux.

La Joconde

Souvent,
J'ai regardé son visage.
De ces lèvres frémit
Ce sourire secret.
.

Comme le vent sur les falaises,
D'un baiser de mer,
D'une symphonie
Apaise mon âme.

De la lumière de son regard
Chantent les anges,
Dansent les astres.

Comme un désir,
Comme un miracle,
Comme la joie de l'amour.

Souvenez-vous

J'avais un rêve...
C'était une nuit silencieuse,
Des cordes de mon cœur,
J'écoutais les étoiles.

Dans la nuit profonde,
Des îlots de paix s'allumaient,
Des nuages blancs rêvaient.

Le ciel si bas, embrassait la terre.
Un berger, des moutons,
Des cheminées,
Une fumée blanche.

Sous le ciel étoilé,
Le rêve d'un enfant.

Comme un gamin

Auprès de toi, je me sens si jeune.
Quand je te vois sourire,
Tu fais renaître le printemps.

Dès que tu parles
Je suis comme un enfant,
Qui veut jouer à cache-cache.

Comme un enfant
Qui décroche la lune,
Et là ferait rebondir.

Auprès de toi, je me sens si jeune.
Toi et moi,
Nous sommes deux gamins.

Qui se courent après dans la prairie,
Cueillent les fleurs sauvages,
Courent après les papillons,
Se cachent dans la meule de foin.

Auprès de toi,
Mon cœur résonne au son du blues,
Et je suis prêt à danser.

Mes cheveux sont devenus gris,
Mais de ton soleil,
Je me sens primevère.

Adagio Bellissimo

Beauté de lumière
De nos regards qui se croisent,
Musique de nos silences.

Adagio sublime
Des premiers murmures,
Du premier baiser.

Allegro de nos corps à corps,
De nos doigts
Qui cherchent les accords.

Crescendo des notes,
Qui de nos désirs
En font des extases.

Adagio langoureux,
Diapason de nos étreintes,
Harmonie de jouissance.

Femme

Parfum de fleurs
Telle une peinture
Aux couleurs mystérieuses.

Telle une partition
Aux notes secrètes,
Vogue dans mon âme.

Telle une robe légère
Frémissante sous la brise
Enchante le printemps.

Parfum de femme
Tu éparpilles tes secrets,
Tu envoûtes mes désirs.

Parfum d'un jour,
Parfum d'une nuit,
Parfum d'une vie.

Douceurs printanières

Tel un artiste
De ma palette printanière
De rose et de pastel,
Je peins ton visage.

Au pinceau de soie
Couvre tes paupières closes
De la douceur du baiser.

De la brise du printemps
Étiole la soie de tes cils
D'un soupir amoureux.

De touches sensuelles,
Aux couleurs de l'amour,
De tes lèvres crée le désir.

A la plume de cygne
Couvre ton cou
De la douceur du soir.

Blue submarine

Des profondeurs du lagon bleu
L'ombre de ta Beauté
Éclaire la lune,
Glisse sur les vagues.

Les poissons argentés
L'entourent, là caressent,
Et frétillent de plaisir.

Allongé sur la plage,
"Dreaming Blue"
Mes rêves se bousculent
Du bleu pervenche à l'indigo.

Du Blues au Rock,
Une nuit de rêve...
Une nuit pour l'Amour.
Blue Submarine, parbleu
De Vous, je suis Bleu.

Les quatre saisons

Bourgeons de Printemps
Rêves de boutons
Que j'aime ouvrir.

Fleurs d'été
Rêves sensuels
Que j'aime assouvir.

Feuilles d'Automne
Rêves de forêts
Que j'aime découvrir.

Flocons d'Hiver
Rêves de sommets
Que j'aime franchir.

La ballade des perdus

Comme les oiseaux,
Qui au grès des saisons
Migrent vers nos terres.
De votre pays de misère,
Affamés, assoiffés, décharnés,
Chez nous vous accostez.

De l'Enfer où vous êtes nés,
Meurtris, désespérés,
Vous tentez d'échapper.
Rescapés nous vous accueillons
De vos souffrances nous partageons
De notre conscience nous doutons.

Chez nous des pauvres nous en avons,
En hiver nous les aidons
Les autres saisons nous les oublions.
De gros soucis nous avons,
De notre bien-être nous tenons
Mais pitié de vous avons.

Cet été vous accosterez nos plages
De ciel bleu et de sable fin,
Mais pitié de vous avons...

Inspiré de la "Balade des pendus"
de François Villon

Le grand vert

Symphonie d'émeraude,
D'aiguilles aux reflets d'opaline
Somptueux habit à crinoline.

Le Grand Vert, noble et fier
De ses racines, du profond de la terre
Raconte le temps des aïeux.

Des troupeaux qui effleuraient son tronc,
Des âmes solitaires et gémissantes,
Des romances sous ses branches,
Il se souvient.

Les farandoles des enfants,
Le chant du retour des alouettes.
La Muse cachée en son cœur,
Murmure encore les sonnets
Des poètes, chantant leurs rimes.

La mélancolie berce ses branches,
L'hiver, il frissonne, se pare
D'étoiles et de cristaux d'argent.

Il connaît ce village paisible,
De ces joies et chagrins,
En son cœur, il se souvient.

Fleur du Mal

Fleurs de montagnes
Déesses de beautés,
Je vous ai découvertes.

Fleurs solitaires
Nymphes de mes désirs,
Je vous ai cueillies.

Fleurs sauvages,
Aphrodite de mes passions,
Je vous ai maîtrisées.

Fleurs de mes désirs,
Fleurs de mes passions
Je vous ai aimées.

HAÏKU d'hiver

Le vent se déchaîne
Souffle les mots au poète
La bougie s'éteint.

Hurlement de loup
Les passions se déchaînent
Neige, solitude.

Au Quartier Latin
Froid de canards enchaînés
Pas un chien dehors.

Étoiles gelées
Cartes, champagne frappé
Bar du Moulin Rouge.

Marabout gelé
Par le vent du froid s'endort
Silence et blancheur.

Les vents se déchaînent
Les flammes hurlent de froid
Feu de bois s'éteint.

Mont Blanc, slalom
De mes baisers assoiffés
Givre la rose.

HAÏKU
de printemps

Rosée de printemps
Les perles d'eau pianotent
Chantent les oiseaux.

Bourdons de dorure
Au soleil, crocus dégustent
L'éveil du printemps.

« Saisir la vérité de l'instant, capter le jaillissement de la vie, faire vibrer le présent, telle est la magie du haïku ».
(Pascale Senk et Vincent Brochard)

Fruits défendus

Fruits de la passion
Ravigotent mon cœur blessé.

Une fraise colore ses lèvres...
Invitation aux voyages
Tendres moments d'ivresse...

Se mélange le velours
De nos peaux soyeuses,
Caressent nos rêves.

D'une plume de cygne
Égrène mes soupirs,
Niche mes caresses.

Déclame mes rimes.
Ultimes cris de mes désirs.

J'ai semé

Quelques brins de poésie,
Quelques mots de la vie,
Que j'ai écrit dans son cœur.

Quelques perles de rosée,
Pour colorer ses yeux des jours heureux.

Je les ai cachées dans la vallée
De ce petit village inconnu,
Aux chemins secrets.

Pour qu'elle puisse les retrouver,
Je les ai entourées
De petits cailloux blancs,
De mes rêves et nostalgies.

Ainsi chantent les oiseaux
Notre amour chaque jour.

Mes doigts

Gardent le souvenir
Doux de ta peau.
Ils se promènent,
Se perdent dans le silence de la nuit.

C'est la main dans la main
Qui s'oublie.
Nos doigts qui se détachent,
Cherchent les mots.

Dessinent nos rêves
Croisent nos regards
Effleurent ton sourire.

Se joignent en prière
Se posent sur ton cœur
Se meurent dans un soupir.

Bug & Buzz

Oh ! merveilleuse machine
Divinité,
Qui tourne et tourne encore
Qui ne cesse de m'aimer.

Ton amour digital
Ton écran qui s'allume
D'un sourire malicieux
D'un baiser de lumière
Tu déverses des messages.
Tel un clapier tu m'emprisonnes.

J'aime les cliquetis doux et tendres
De ton clavier vorace,
Insatiable, tu me demandes
Encore, encore...
Des mots de passe.

Tu es jalouse, tu m'espionnes
Parfois d'un bug
Tu me menaces.
Tu m'envoies des Pubs
Des Cover Girls.

Je t'en supplie, ne me quitte pas !
Que ferai-je sans toi !

Étonnant

Ces petites fleurs blanches
Qui tremblent au moindre vent,
Timides se cachent entre les feuilles.
D'un éclat de vie,
Deviennent des beaux fruits.

SURPRENANT

Ce nouveau-né
D'une étincelle d'amour,
Respire, devient soleil.

La nature est ce peintre
Qui d'une palette magique,
A chaque saison,
D'ombre et de lumière
Crée le bonheur.

Elle est ce musicien
Qui fait chanter les oiseaux,
Qui fait aimer la vie.

Elle ce poète
Qui embellit les murs gris,
Respire la beauté.

Table des matières

A mes lecteurs	5
Le lac blanc	9
Le magicien	10
Le livre	11
Le poème oublié	12
La tempête	13
Ombres	14
C'est quoi l'Amour ?	15
Cuisine romantique	16
Histoire de ma vie	17
Le jardin de l'âme	18
Adieu	19
Au nom de la terre	20
Le mot	21
La nuit	22
Mélancolie	23
La rose noire	24
Promenade	25
A l'ombre des Ardennes	26
Les marées	28
Libre	29
La guerre des étoiles	30
Les yeux de son âme	31
Pour l'éternité	32
Au clair de la lune	33
Danse	34
Le petit village	35
Silence	36
Un mot	37
Au fil du temps	38

L'aquarelle	39
L'encrier	40
Le vieux livre	41
L'hirondelle	42
Jeune fille	43
Du bout des doigts	44
Comme l'oiseau	45
Que la terre	46
Ombre et lumière	47
C'était un matin	48
Vulcain	49
Il y aura toujours	50
Les chaussures	51
Rêverie d'hiver	52
Que	53
Langueurs	54
Je ne suis	55
Inverno	56
Collier de perles	57
Aux creux des venelles	58
Du fond de l'âme	59
Ce n'est pas moi	60
Des petites choses	61
Instants de bonheur	62
A une fleur	63
Le vieux noyer	64
Souvenances	65
La solitude	66
Ma vie	67
Le nuage blanc	68
Quand tu n'es pas là	69
Te souviens-tu	70
Histoire d'Ô	71
Les mouettes	72

Blue Moon	73
Mon compagnon	74
La rose d'automne	75
Toi l'oiseau	76
Ils se sont aimés	77
Champagne	78
Chrétiens de Troyes	79
La Bourgogne	80
Avec les mains	81
Un jour	82
Écrire	83
Au crépuscule	84
Au pied de mon arbre	85
Entre rêves et légendes	86
Je ne suis que	87
L'or bleu	88
Renaître	89
Assieds-toi	90
Sensuelle	91
Brin de beauté	92
Que reste-t-il ?	93
Plus	94
Sans toi	95
Le banc des souvenirs	96
Rose du soir	97
Un coquelicot	98
Les larmes du soleil	99
Tout comme moi	100
Une plume blanche	101
Un ami	102
Vague à l'âme	103
Le miroir	104
Cher pays de mon enfance	105
Le poème	106

Carpe Diem	107
Parce que c'était elle	108
Les épices	109
Si seulement un instant	110
Silence	111
Une plume	112
Une bouteille à la mer	113
Liberté	114
Lettre à une inconnue	115
A petits pas	116
Combien ?	117
Être	118
L'éveil du printemps	119
Peinture de notre amour	120
A l'aurore	121
Blizzard	122
Soleil	123
La danse des rubans	124
Que vous soyez	125
Le couloir du désespoir	126
Quand on n'a plus l'amour	127
Aux portes des rêves	128
Sans cesse	129
Que je me souviens	130
Seul	131
Porte des Lilas	132
Planètes	133
Une pluie fine	134
Elle est	135
Mon jardin	136
La caresse du vent	137
Canicule	138
Sans le savoir	139
Un ange	140

Mes racines	141
De ton sourire	142
Ainsi	143
Ce n'est pas	144
A la table des anges	145
Une mélodie de velours	146
La Joconde	147
Souvenez-vous	148
Comme un gamin	149
Adagio Bellissimo	150
Femme	151
Douceurs printanières	152
Blue submarine	153
Les quatre saisons	154
La ballade des perdus	155
Le grand vert	156
Fleur du Mal	157
HAÏKU d'hiver	158
HAÏKU de printemps	159
Fruits défendus	160
J'ai semé	161
Mes doigts	162
Bug & Buzz	163
Étonnant	164

Remerciement

A Louis Désir
pour ses encouragements,
son aide informatique et
sa relecture attentive et bienveillante.

Design de couverture et mise en page,
Louis Désir

Citations

*«Les étoiles sont éclairées pour que chacun puisse
un jour retrouver la sienne.
Et j'aime la nuit écouter les étoiles.
C'est comme cinq cents millions de grelots.»*
Antoine de Saint Exupéry

*«La poésie n'a pas de pays,
elle est les étoiles de l'amour.»*
Luciano

*«Les mots d'un cœur d'enfant
sont les plus beaux mots d'amour.»*
Luciano

*«Le verbe AIMER est difficile à conjuguer,
son passé n'est pas simple son présent
n'est qu'indicatif et son futur est
toujours conditionnel»*
Jean Cocteau

*«Assieds-toi au pied d'un arbre et avec le temps,
tu verras l'univers défiler devant toi.»*
Proverbe africain